Ricette Di Barrette Proteiche Fatte In Casa Per Accelerare Lo Sviluppo Muscolare Nel Sollevamento Pesi:

Migliora In Modo Naturale La Crescita Muscolare E Diminuisci I Grassi Per Sollevare Pesi Maggiori E Recuperare Velocemente

Di

Joseph Correa

Nutrizionista Sportivo Certificato

DIRITTI D'AUTORE

© 2016 Finibi Inc

Tutti i diritti riservati

La riproduzione o la traduzione di qualsiasi parte di questo lavoro al di là di quanto consentito dalla sezione 107 o 108 degli Stati Uniti Copyright 1976, senza l'autorizzazione del titolare dei diritti è illegale.

La presente pubblicazione è stata progettata per fornire informazioni accurate e autorevoli in materia di

Il tema trattato viene venduto con la consapevolezza che né l'autore né l'editore si impegnano a fornire consulenza medica. In caso di consultazione o di assistenza medica, consultare un medico. Questo libro è considerato una guida e non deve essere utilizzato in alcun modo che possa essere dannoso per la salute. Consultare un medico prima di iniziare questo piano nutrizionale per assicurarsi che sia giusto per te.

RINGRAZIAMENTI

Alla mia famiglia che ha reso possibile la realizzazione ed il successo di questo libro.

Ricette Di Barrette Proteiche Fatte In Casa Per Accelerare Lo Sviluppo Muscolare Nel Sollevamento Pesi:

Migliora In Modo Naturale La Crescita Muscolare E Diminuisci I Grassi Per Sollevare Pesi Maggiori E Recuperare Velocemente

Di

Joseph Correa

Nutrizionista Sportivo Certificato

CONTENUTI

Diritti d'autore

Ringraziamenti

Cenni sull'autore

Introduzione

Ricette Di Barrette Proteiche Fatte In Casa Per Accelerare Lo Sviluppo Muscolare Nel Sollevamento Pesi

Altri grandi titoli dell'autore

CENNI SULL'AUTORE

Come nutrizionista sportivo certificato e atleta professionista, sono fermamente convinto che una corretta alimentazione ti aiuterà a raggiungere i tuoi obiettivi più velocemente e in modo efficace. La mia conoscenza ed esperienza mi ha aiutato a vivere in modo più sano nel corso degli anni che ho condiviso con la famiglia e gli amici. Quanto più si sa di mangiare e bere in modo sano, tanto prima si vorrà cambiare la tua vita e abitudini alimentari.

Avere successo nel controllare il peso è importante in quanto permetterà di migliorare tutti gli aspetti della tua vita.

La nutrizione è una parte fondamentale nel processo per ottenere una forma migliore e questo è tutto ciò che è contenuto nel libro.

INTRODUZIONE

Ricette Di Barrette Proteiche Fatte In Casa Per Accelerare Lo Sviluppo Muscolare Nel Sollevamento Pesi: Migliora In Modo Naturale La Crescita Muscolare E Diminuisci I Grassi Per Sollevare Pesi Maggiori E Recuperare Velocemente

Questo libro ti aiuterà ad aumentare la quantità di Proteine che si consumano al giorno per contribuire ad aumentare la massa muscolare. Questi pasti contribuiranno ad aumentare il muscolo in maniera organizzata con l'aggiunta di grandi porzioni sane di Proteine alla tua dieta. Essere troppo occupato a mangiare correttamente a volte può diventare un problema ed è per questo che questo libro ti farà risparmiare tempo e contribuirà a nutrire il tuo corpo per raggiungere gli obiettivi che desideri. Assicurati di sapere cosa stai mangiando per preparartelo da solo o avere qualcuno che lo prepara per te.

Questo libro ti aiuterà a:

- Incrementare la muscolatura velocemente.

- Avere più energia.

- Mangiare con gusto.

- Accelerare il tuo metabolismo in modo naturale per avere più muscoli.

- Migliorare Il tuo sistema digestivo.

Joseph Correa è un nutrizionista sportivo certificato ed un atleta professionista.

RICETTE DI BARRETTE PROTEICHE FATTE IN CASA PER ACCELERARE LO SVILUPPO MUSCOLARE NEL SOLLEVAMENTO PESI

1. Barrette proteiche al cioccolato

Ingredienti:

1 tazza di fiocchi d'avena

3 misurini di proteine in polvere - aroma cioccolato

3 cucchiai di burro di arachidi (scegliere burro di arachidi biologico)

1.5 tazza di latte scremato

2 cucchiai di zucchero di canna

Preparazione:

Le barrette proteiche al cioccolato sono molto facili da preparare. sono sane e gustose allo stesso tempo. Mescola gli ingredienti fino ad ottenere una massa leggermente appiccicosa. Sii paziente - questo potrebbe richiedere un po' di tempo (circa 15 minuti). Utilizza i contenitori per barrette di cioccolato (se non li possiedi, andranno bene anche quelli per il formaggio in crema) e spruzzali leggermente con bicarbonato spray. Scegli sempre spray per cottura senza grassi durante la preparazione di queste barrette proteiche al cioccolato. Dividi il composto in otto parti uguali e riempi i contenitori. Lascia in frigorifero durante la notte. Se ti piace, cospargi con un po' di dolcificante sulla parte superiore delle barrette.

Valori nutrizionali:

Carboidrati 10.2g

Zucchero 5.9g

Proteine 12,2g

Grassi totali (grassi buoni monoinsaturi) 11.6g

Sodio 123,8mg

Potassio 85mg

Calcio 45.5mg

Ferro 0.33mg

Vitamine (vitamina A, B-6, B-12; C; D, D2, D3, K, riboflavina, niacina, tiamina, K)

Calorie 53

2. Barretta alla vaniglia

Ingredienti:

1,5 misurini di proteine in polvere (vaniglia)

1 tazza di fiocchi d'avena

1 confezione di budino (gusto vaniglia)

2 tazze di latte scremato

Preparazione:

Mescola gli ingredienti fino ad ottenere una massa appiccicosa. Questo dovrebbe richiederti circa due minuti. Cuoci brevemente, circa 3-4 minuti, a una temperatura bassa. Versa il composto in un bicchiere o un contenitore per barrette in metallo. Si dovrebbero ottenere 8 barrette proteiche con questa miscela. Lascia riposare in frigo durante la notte.

Valori nutrizionali:

Carboidrati 35g

Zucchero 6.74g

Proteine 52g

Grassi totali (grassi buoni monoinsaturi) 1,38g

Sodio 376mg

Potassio 880mg

Calcio 684.7mg

Ferro 1.31mg

Vitamine (vitamina C, B-6, B-12, A-RAE, A-UI; E; D; D-D2 + D3; K, Tiamina, riboflavina, niacina)

Calorie 257

3. Barretta allo yogurt magro

Ingredienti:

½ tazza di formaggio fresco magro

2 tazze di yogurt magro

4 misurini di proteine del siero di latte (vaniglia)

½ tazze di fiocchi d'avena

Preparazione:

Mescola gli ingredienti in un frullatore. Metti in congelatore per circa un'ora. Ritaglia 8 barrette proteiche e conserva in frigorifero. Dopo 2-3 ore potrai consumare le tue barrette.

Valori nutrizionali:

Carboidrati 19g

Zucchero 5,76g

Proteine 27,5g

Grassi totali 3.3g

Sodio 268,7mg

Potassio 535,3mg

Calcio 456,6mg

Ferro 0,73mg

Vitamine (Vitamina C acido ascorbico totale, B-6, B-12, A-RAE, A-UI; E; D; D-D2 + D3; K-fillochinone, Tiamina, riboflavina, niacina)

Calorie 228

4. Barrette di ricotta

Ingredienti:

1 tazza di crema di ricotta magra

4 misurini di proteine in polvere (cioccolato)

1 tazza di fiocchi di orzo cereali

2 cucchiai di miele

½ cucchiaino di cannella

Preparazione:

Mescola il formaggio con le proteine in polvere, miele e cannella in una grande ciotola. Miscela gli ingredienti con una frusta elettrica. Mescola fino ad ottenere un composto omogeneo. Aggiungi i fiocchi di orzo e mescola ancora qualche minuto. Se la miscela è troppo densa, aggiungi un po' d'acqua. Versa il composto nella teglia precedentemente imburrata e metti in frigo per circa un'ora. Ritaglia 10 barrette proteiche. Ora sono pronte da mangiare.

Valori nutrizionali:

Carboidrati 21g

Zucchero 8.58g

Proteine 24g

Grassi Totali 4g

Sodio 221,2mg

Potassio 361,1mg

Calcio 333.5mg

Ferro 5.23mg

Vitamine (Vitamina C acido Grassi totali ascorbico, B-6, B-12; Folato-DFE, A-RAE, A-UI, E-alfa-tocoferolo; D; D-D2 + D3; K-fillochinone, Tiamina, riboflavina; Niacina)

Calorie 190

5. Barrette proteiche di cocco e vaniglia

Ingredienti:

1 misurino di proteine in polvere di vaniglia

1/4 tazza di fiocchi di cocco

1/4 di tazza di cocco tritato

1/4 tazza di latte (scremato)

3 cucchiai di cioccolato fondente fuso (85% di cacao)

Preparazione:

Metti a bagno i fiocchi di cocco in acqua e lasciali riposare per circa un'ora. Nel frattempo, mescola la polvere proteica ed il cocco tritato con il latte. Devi usare il latte scremato. Questo influenza in modo significativo il valore nutrizionale delle tue barrette proteiche. Il mixer elettrico farà tutto il lavoro. Ora aggiungi i fiocchi di cocco e mescola bene. Versa il composto in un pentolino e cospargi con del cioccolato fuso. Lascia riposare in frigorifero per qualche ora. Ritaglia 3 barrette proteiche di grandi dimensioni.

Valori nutrizionali:

Ricette Di Barrette Proteiche Fatte In Casa Per Accelerare Lo Sviluppo Muscolare Nel Sollevamento Pesi

Carboidrati 20g

Zucchero 9.53g

Proteine 19.25g

Grassi totali 6.06g

Sodio 53mg

Potassio 353mg

Calcio 302mg

Ferro 12,6

Vitamine (Vitamina C acido Grassi totali ascorbico, B-6, B-12; Folato-DFE, A-RAE, A-UI, E-alfa-tocoferolo; D; D-D2 + D3; K-fillochinone, Tiamina, riboflavina; Niacina)

Calorie 256

6. Barrette proteiche con arancia e bacche di goji

Ingredienti:

1 cucchiaio di proteine in polvere organica (insapore)

3/4 tazza di mandorle tritate

1/4 tazza di cocco grattugiato

3/4 tazza di bacche di goji

1 tazza di latte di cocco

½ bicchiere di acqua

1 cucchiaino di vanillina

1 cucchiaino di buccia d'arancia grattugiata

1 cucchiaino di peperoncino in polvere

3 cucchiai di cioccolato fondente grattugiato con l'85% di cacao

Preparazione:

Questa ricetta ti darà 5 barrette proteiche super-sane. Prima di tutto bisogna mescolare la buccia d'arancia grattugiata con il peperoncino, l'estratto di vaniglia e il latte di cocco. Cuoci a bassa temperatura per 10-15

Ricette Di Barrette Proteiche Fatte In Casa Per Accelerare Lo Sviluppo Muscolare Nel Sollevamento Pesi

minuti. Lascia raffreddare. Nel frattempo, mescola polvere proteica, mandorle, cocco grattugiato, bacche di goji e acqua in un frullatore per qualche minuto. Aggiungi il composto raffreddato di peperoncino, estratto di vaniglia, scorza d'arancia e latte di cocco e mescola per altri 1-2 minuti. Versa il composto in contenitori per 8 barrette e cospargi con il cioccolato sulla parte superiore. Lascia riposare in frigorifero per qualche ora.

Valori nutrizionali:

Carboidrati 14.5g

Zucchero 2.61g

Proteine 13.5g

Grassi totali 16,6 g

Sodio 49,5mg

Potassio 331mg

Calcio 121,8mg

Ferro 37.6mg

Vitamine (vitamina C, B-6, B-12, A-RAE; D; D-D2 + D3; K-fillochinone, Tiamina, riboflavina, niacina)

Calorie 248,8 kcal

7. Barrette proteiche con semi di zucca

Ingredienti:

2 piccole carote cotte

1/2 tazza di proteine in polvere - vaniglia

1/4 di tazza di semi di zucca tritati

1/4 tazza di latte scremato

1 cucchiaino di burro semi di zucca

2 cucchiai di zucchero di canna

¼ di tazza di acqua

Preparazione:

Lava e sbuccia le carote. Taglia in pezzi più piccoli e fai bollire per circa 20 minuti (fino a che non saranno completamente cotte). Lasciale raffreddare. Fai sciogliere il burro, semi di zucca e aggiungi lo zucchero. Mescola bene per qualche secondo. Poi aggiungi il latte e le proteine in polvere. Cuoci il composto per qualche minuto (3-4 minuti) e aggiungi le carote. Miscela fino a renderlo liscio, aggiungendo dell'acqua costantemente. Dividi il composto in 4 contenitori di medie dimensioni e cospargi di semi di zucca tritati. Lascia riposare in frigorifero per qualche ora.

Valori nutrizionali:

Carboidrati 21g

Zucchero 7,93g

Proteine 17.5

Grassi totali 9.3g

Sodio 52,3mg

Potassio 289mg

Calcio 127,6mg

Ferro 12,3mg

Vitamine (Vitamina C acido ascorbico totale, B-6, B-12; Folato-DFE, A-RAE, A-UI, E-alfa-tocoferolo; D; D-D2 + D3; K-fillochinone; Tiamina)

Calorie 200

8. Barrette proteiche al succo d'arancia

Ingredienti:

3½ tazze di farina d'avena

1 ½ tazze di latte in polvere (1,5% di grassi)

4 cucchiai di proteine in polvere (qualsiasi gusto che ti piace)

1 tazza di miele

2 albumi

1 tazza di succo d'arancia

1 cucchiaino di cannella

Preparazione:

Cospargi una teglia con un po' di grasso per cottura spray. Mescola farina d'avena, latte in polvere e proteine in polvere in una ciotola. In un contenitore, unisci albumi, succo d'arancia e miele. Mescola la miscela liquida in quella secca. La miscela deve essere spessa e simile alla pasta per i biscotti. Versa il composto nella teglia e cuoci in forno preriscaldato, a 350 gradi F per 10-15 minuti. I bordi devono essere croccanti e marroni. Taglia in 10 pezzi e lascia raffreddare. Metti in frigorifero per una notte

Valori nutrizionali:

Carboidrati 18.7g

Zucchero 3.2g

Proteine 17.5g

Grassi totali 14,8 g

Sodio 51,5mg

Potassio 328mg

Calcio 126,8mg

Ferro 29.2mg

Vitamine (vitamina C, B-6, B-12, A-RAE; D; D-D2 + D3; K-fillochinone, Tiamina, riboflavina, niacina)

Calorie 248,8 kcal

9. Barrette proteiche al cocco

Ingredienti:

1 misurino pieno di proteine in polvere di vaniglia

2 cucchiai pieni di farina di cocco

½ tazza di latte

2 grandi cubi di cioccolato fondente (80% di cacao)

Preparazione:

Questa è super ricetta facile e non dovrebbe richiedere più di 10 minuti. Otterrai delle barrette molto gustose. Mescola le proteine in polvere con la farina di cocco e versa il latte. Dovresti ottenere un impasto compatto. Se è troppo denso per i tuoi gusti, aggiungi un po' d'acqua. Non si può sbagliare con questa ricetta. Se esageri con il liquido, aggiungi gli ingredienti secchi, e viceversa. Al termine, componi 3 barrette proteiche con questo composto e lascia in frigo a riposare. Nel frattempo, prepara la copertura di cioccolato fondendo il cioccolato a bassa temperatura. Stendi il cioccolato sopra le barrette proteiche e lascia in frigorifero per qualche ora.

Valori nutrizionali:

Carboidrati 14.5g

Zucchero 2.61g

Proteine 13.5g

Grassi totali 16,6 g

Sodio 49,5mg

Potassio 331mg

Calcio 121,8mg

Ferro 37.6mg

Vitamine (Vitamina C acido ascorbico totale, B-6, B-12, A-RAE, A-UI; E; D; D-D2 + D3; K-fillochinone, Tiamina, riboflavina, niacina)

Calorie 176,8 kcal

10. Barrette proteiche alle mandorle

Ingredienti:

¼ di tazza di mandorle grattugiate,

¼ di tazza di latte di mandorla scremato

¼ di tazza di semi di lino biologici

½ tazza di farina di cocco

3 albumi

½ cucchiaino di sale

¼ di tazza di burro di mandorle

1 cucchiaio di miele

estratto di vaniglia biologico

½ tazza di uvetta

Preparazione:

Mescola mandorle, semi di lino, farina di cocco, sale e albumi in un robot da cucina. Fai sciogliere il burro di mandorle fino a doratura e aggiungi il miele, il latte e l'estratto di vaniglia. Lascia cuocere per qualche minuto. Aggiungi il composto di mandorle, semi di lino, farina, sale e uova e fai bollire. Quindi aggiungi l'uvetta. Lascia raffreddare in freezer per circa un'ora. Taglia in 8 barrette proteiche e lascia in frigorifero per una notte.

Valori nutrizionali:

Carboidrati 21.8g

Zucchero 8.61g

Proteine 18.3g

Grassi totali 14,6 g

Sodio 54,5mg

Potassio 327mg

Calcio 112,8mg

Ferro 25.3mg

Vitamine (vitamina C, B-6, B-12, A-RAE; D; D-D2 + D3; K-fillochinone, Tiamina, riboflavina, niacina)

Calorie 232,7 kcal

11. Barrette proteiche di muesli

Ingredienti:

3 tazze di farina d'avena

1 tazza di muesli al cioccolato

½ tazza di mandorle grattugiate

½ tazza di nocciole grattugiate

una tazza di prugne, tagliate in piccoli pezzi (uva, fichi opzionali),

½ tazza di arachidi,

2 cucchiai di cacao in polvere

4 misurini di proteine in polvere al cioccolato

2 bicchieri di latte scremato

Preparazione:

Mescola gli ingredienti in una ciotola capiente fino a quando il composto si indurisce. È possibile utilizzare un mixer elettrico per farlo. Versa il composto in una teglia da forno e cuoci per circa 30 minuti in forno preriscaldato (350 gradi F). Dovresti ottenere un bel colore dorato. Poi togli dal forno e taglia 8 barrette proteiche. Lascia riposare per qualche ora. Le tue barrette proteiche sono pronte da mangiare.

Valori nutrizionali:

Carboidrati 21.3g

Zucchero 8.2g

Proteine 19.4g

Grassi totali 13.4g

Sodio 52mg

Potassio 345mg

Calcio 133,2mg

Ferro 23.6mg

Vitamine (vitamina C, B-6, B-12, A-RAE; D; D-D2 + D3; K-fillochinone, Tiamina, riboflavina, niacina)

Calorie 239 kcal

12. Barrette proteiche ai mirtilli

Ingredienti:

3 tazze di farina d'avena

½ tazza di mandorle

1 tazza di mirtilli secchi

4 cucchiai di burro di arachidi

1 bicchiere di latte scremato

4 misurini di proteine in polvere alla vaniglia

Preparazione:

Mescola farina d'avena, mandorle e mirtilli rossi in una ciotola. Sciogli il burro di arachidi a bassa temperatura. Se vuoi aggiungi un po' di latte prima che si sciolga - in questo modo il burro di arachidi non brucerà. Quando il burro di arachidi si sarà sciolto, aggiungi le proteine e fai bollire. Togli dal fuoco e lascia raffreddare. Ora aggiungi il composto secco e mescola bene. Versa il composto in 5 contenitori per barretta proteica e lascia in frigorifero. Dopo circa 4 ore, le tue barrette proteiche saranno pronte da mangiare.

Ricette Di Barrette Proteiche Fatte In Casa Per Accelerare Lo Sviluppo Muscolare Nel Sollevamento Pesi

Valori nutrizionali:

Carboidrati 19.6g

Zucchero 7.9g

Proteine 19.3g

Grassi totali 12,3 g

Sodio 51,5mg

Potassio 298mg

Calcio 147mg

Ferro 23.6mg

Vitamine (vitamina C, B-6, B-12, A-RAE; D; D-D2 + D3; K-fillochinone, Tiamina, riboflavina, niacina)

Calorie 224 kcal

13. Barrette proteiche con cocco e limone

Ingredienti:

1 tazza di mandorle tritate o fette di mandorle

1,5 tazze di uva passa

1 tazza di latte di cocco non zuccherato

1 cucchiaio di scorza di limone

2 cucchiai di succo di limone

Preparazione:

Metti tutti gli ingredienti in un frullatore. Lascia in ammollo l'uvetta in acqua per cinque minuti prima di metterla nel frullatore. Riempi 5 contenitori con questa miscela e lascia in congelatore per circa un'ora. E questo è tutto! Le tue barrette proteiche sono pronte.

Valori nutrizionali:

Carboidrati 14.3g

Zucchero 2,9g

Proteine 14.9g

Grassi totali 13g di

Sodio 29mg

Potassio 361mg

Calcio 112mg

Ferro 13.6mg

Vitamine (vitamina C, B-6, B-12, A-RAE; D; D-D2 + D3; K-fillochinone, Tiamina, riboflavina, niacina)

Calorie 200 kcal

14. Barrette proteiche semplici

Ingredienti:

2 cucchiai di siero di latte proteine in polvere

1 tazza di farina d'avena biologica

1 bicchiere di latte scremato

4 cucchiai di burro di arachidi

4 cucchiai di miele

1 cucchiaio di cacao in polvere

½ tazza di semi di lino fresco tritato

Preparazione:

Unisci il siero di latte ed il cacao in polvere con il latte. Aggiungi il miele e la farina d'avena. Mescola bene per ottenere un impasto omogeneo. Sciogli il burro di arachidi in una padella e friggi i semi di lino schiacciati per circa 5 minuti. Togli dal tegame e aggiungi al composto. Versa l'impasto nella teglia e cospargi di semi di lino. Cuoci in forno a 350 gradi F, in forno preriscaldato, per 10 minuti. Lascia raffreddare per un po' e taglia in 4 barrette proteiche. Lascia in frigorifero durante la notte.

Ricette Di Barrette Proteiche Fatte In Casa Per Accelerare Lo Sviluppo Muscolare Nel Sollevamento Pesi

Valori nutrizionali:

Carboidrati 19g

Zucchero 4.6g

Proteine 18,5g

Grassi totali 12,2g

Sodio 52mg

Potassio 401mg

Calcio 117mg

Ferro 19.6mg

Vitamine (vitamina C, B-6, B-12, A-RAE; D; D-D2 + D3; K-fillochinone, Tiamina, riboflavina, niacina)

Calorie 224 kcal

15. Barrette proteiche al burro di mandorle

Ingredienti:

1 tazza di burro di mandorle

3 cucchiai di proteine in polvere di vaniglia

½ tazza di sciroppo d'acero

2 albumi

2 tazze di farina d'avena

½ tazza di cocco grattugiato

1 cucchiaino di lievito in polvere

Preparazione:

Utilizza un frullatore elettrico per mescolare burro di mandorle, proteine in polvere e sciroppo d'acero. Aggiungi gli albumi. Incorpora la polvere di farina d'avena, di cocco e mescola per bene. Versa il tutto in una teglia e cuoci in forno già caldo per circa 10 minuti. Dovrebbe assumere un bel colore marrone chiaro. Lascia raffreddare bene e taglia in 4 barrette proteiche. Tienile in una ciotola sigillata.

Valori nutrizionali:

Ricette Di Barrette Proteiche Fatte In Casa Per Accelerare Lo Sviluppo Muscolare Nel Sollevamento Pesi

Carboidrati 19g

Zucchero 5.2g

Proteine 17.3g

Grassi totali 12g

Sodio 51.1mg

Potassio 212mg

Calcio 114mg

Ferro 22mg

Vitamine (vitamina C, B-6, B-12, A-RAE; D; D-D2 + D3; K-fillochinone, Tiamina, riboflavina, niacina)

Calorie 217 kcal

16. Barrette di cioccolato e muesli

Ingredienti:

1,5 tazze fiocchi di quinoa

½ tazza di noci tritate

¼ di tazza di zucchero

cocco grattugiato

¼ di tazza di proteine in polvere di vaniglia

1 uovo

2/3 tazza di yogurt greco

1/3 di tazza di burro di mandorle non zuccherato

3 cucchiai di miele

2 cucchiai di olio di cocco sciolto

1 cucchiaio di scorza di limone

½ tazza di uvetta

Preparazione:

Preriscalda il forno a 350 gradi F. Ungi la teglia con olio di cocco. Stendi uniformemente i fiocchi di quinoa, le noci tritate ed il cocco grattugiato e cuoci per circa 6-8 minuti. Nel frattempo, mescola lo yogurt greco con l'uovo, il burro fuso di mandorla, il miele, la scorza di limone e l'uva passa. Togli la teglia dal forno e lascia raffreddare. Mescola con yogurt greco e versa in contenitori per 12 barrette. Lascia in congelatore per 3-4 ore e poi tienile in frigorifero.

Valori nutrizionali:

Carboidrati 20g

Zucchero 5g

Proteine 11g

Grassi totali 12g

Sodio 45 mg

Potassio 209mg

Calcio 109mg

Ferro 16mg

Vitamine (Vitamina C acido ascorbico totale, B-6, B-12; Folato-DFE, A-RAE, A-UI, E-alfa-tocoferolo; D; D-D2 + D3; K-fillochinone; Tiamina)

Calorie 227

17. Barrette proteiche alla frutta

Ingredienti:

1 tazza di frutta secca mista

1 tazza di acqua

1.5 tazza di farina d'avena

1 tazza di proteine in polvere alla vaniglia

3 cucchiai di latte scremato

2 cucchiaini di scorza di limone o arancia grattugiata

Preparazione:

Metti a bagno la frutta secca in acqua e lascia riposare per 10-15 minuti. Utilizza un miscelatore elettrico per mescolare la farina d'avena con le proteine in polvere ed il latte. Stendi l'impasto su una teglia da forno. Cospargi di frutta secca e buccia di arancia o limone e cuoci per 10 minuti a 350 gradi F. Lascia raffreddare e taglia in 5 barrette proteiche. Metti in frigo per 30 minuti e le tue barrette proteiche sono pronte da mangiare.

Valori nutrizionali:

Carboidrati 41g

Ricette Di Barrette Proteiche Fatte In Casa Per Accelerare Lo Sviluppo Muscolare Nel Sollevamento Pesi

Zucchero 23g

Proteine 17g

Grassi totali 3g

Sodio 36mg

Potassio 213mg

Calcio 145mg

Ferro 12mg

Vitamine (Vitamina C acido ascorbico totale, B-6, B-12; Folato-DFE, A-RAE, A-UI, E-alfa-tocoferolo; D; D-D2 + D3; K-fillochinone; Tiamina)

Calorie 252

18. Barrette proteiche con mirtilli rossi e arancio

Ingredienti:

1 tazza di noci grattugiate

½ tazza di burro di noci

1,5 tazze di latte scremato

1,5 tazze di proteine in polvere alla vaniglia

1/3 di tazza di mirtilli secchi

2 cucchiaini di buccia d'arancia grattugiata

Preparazione:

Utilizza gli ingredienti per creare un impasto omogeneo in un frullatore. Versa il composto in una teglia, unta di burro di noci. Lascia così tutta la notte in frigorifero. Taglia in 8 parti uguali e tieni in frigo.

Valori nutrizionali:

Carboidrati 41g

Zucchero 23g

Proteine 17g

Grassi totali 3g

Sodio 23mg

Potassio 222mg

Calcio 118,4mg

Ferro 31mg

Vitamine (Vitamina C acido ascorbico totale, B-6, B-12; Folato-DFE, A-RAE, A-UI, E-alfa-tocoferolo; D; D-D2 + D3; K-fillochinone; Tiamina)

Calorie 252

19. Barrette proteiche al burro di arachidi

Ingredienti:

2 tazze di fiocchi d'avena

4 cucchiai di proteine in polvere

5 cucchiai di burro di arachidi

1/2 tazza di latte

Preparazione:

Un'altra ricetta super facile. Tutto quello che devi fare è mescolare gli ingredienti in un frullatore e versare in contenitori per barretta proteica. Con questa miscela, otterrai 5 barrette proteiche. Lascia in frigorifero per qualche ora. Saranno poi pronte da mangiare!

Valori nutrizionali:

Carboidrati 16g

Zucchero 7g

Proteine 16g

Grassi totali 2,6g

Sodio 17mg

Potassio 212mg

Calcio 105,3mg

Ferro 12mg

Vitamine (Vitamina C acido ascorbico totale, B-6, B-12; Folato-DFE, A-RAE, A-UI, E-alfa-tocoferolo; D; D-D2 + D3; K-fillochinone; Tiamina)

Calorie 167

20. Barrette proteiche vaniglia e mandorla

Ingredienti:

½ tazza di fiocchi di orzo

½ tazza di proteine in polvere

2 cucchiai di burro di arachidi

4 cucchiai di mandorle grattugiate

1 bicchiere di acqua tiepida

Preparazione:

Metti a bagno i fiocchi in acqua tiepida per circa 30 minuti. Sciogli il burro di arachidi a bassa temperatura, in una padella (è possibile aggiungere un po' d'acqua se è più facile - ¼ di bicchiere dovrebbe essere sufficiente). Friggi le mandorle per pochi minuti - solo per ottenere quel bel colore dorato. Ora aggiungi i fiocchi ammollati e le proteine in polvere. Mescola bene per qualche minuto. Togli dal fuoco e lascia raffreddare per un po'. Forma 5 barrette proteiche con questo composto e lasciale in frigorifero per una notte.

Valori nutrizionali:

Ricette Di Barrette Proteiche Fatte In Casa Per Accelerare Lo Sviluppo Muscolare Nel Sollevamento Pesi

Carboidrati 23g

Zucchero 16g

Proteine 19g

Grassi totali 2,8g

Sodio 39 mg

Potassio 253mg

Calcio 129,9mg

Ferro 33mg

Vitamine (Vitamina C acido ascorbico totale, B-6, B-12; Folato-DFE, A-RAE, A-UI, E-alfa-tocoferolo; D; D-D2 + D3; K-fillochinone; Tiamina)

Calorie 231

21. Barrette proteiche con frutta secca

Ingredienti:

2,5 tazze di farina d'avena

½ tazza di mandorle (pelate e tostate)

½ tazza di nocciole (pelate e tostate)

1/3 di tazza di miele

1 tazza di frutta secca (mirtilli, albicocche e uva passa gialla)

1 tazza di confettura di mele senza zucchero

½ cucchiaino di cannella

Preparazione:

Trita le mandorle e le nocciole in pezzi più piccoli. Fallo anche con il resto della frutta essiccata. Utilizza una teglia più piccola e ungila con lo spray per la cottura. Cuoci le noci e la frutta in forno già caldo per circa 15 minuti a 350 gradi F. Togli dal forno e lascia raffreddare per un po'. Nel frattempo, mescola cannella, salsa di mele e miele con farina d'avena. Puoi anche utilizzare un frullatore. Ci metterai circa un minuto.

Rimuovi i pezzi e la frutta dalla padella. Versa il composto e cospargi con il trito. Cuoci per circa 5 minuti. Togli dal forno e lascia per qualche ora a raffreddare. Taglia in 20 barrette proteiche e lascia in frigorifero per una notte.

Valori nutrizionali:

Carboidrati 32,2g

Zucchero 17g

Proteine 19.9g

Grassi totali 5,6 g

Sodio 31mg

Potassio 232,7mg

Calcio 126,4mg

Ferro 27 mg

Vitamine (Vitamina C acido ascorbico totale, B-6, B-12; Folato-DFE, A-RAE, A-UI, E-alfa-tocoferolo; D; D-D2 + D3; K-fillochinone; Tiamina)

Calorie 234

22. Barrette proteiche all'amaranto

Ingredienti:

1 tazza di amaranto

3 cucchiai di avena

3 cucchiai di bacche secche di goji

3 cucchiai di mirtilli secchi

1 cucchiaio di sesamo

1 cucchiaio di semi di girasole

2 cucchiai di miele

1 banana grande

1 cucchiaio di zucchero di canna

½ cucchiaino di cannella

1 cucchiaio di olio

Preparazione:

In primo luogo devi fare i popcorn di amaranto. La procedura è la stessa dei popcorn soliti. Utilizza una padella leggermente unta. Cospargi i semi di amaranto in essa e friggi per 10 minuti. Scuoti la padella più volte, fino a quando i semi di amaranto saranno tutti scoppiati. Togli dal fuoco e lascia riposare per un po'.

Nel frattempo, taglia la banana in pezzi più piccoli. Mescola con miele e altri ingredienti in un frullatore. Se la miscela è troppo densa, il trucco è quello di metterla in un forno a microonde per un minuto. Questo sarà sufficiente per ottenere un impasto omogeneo. Versa il composto nella teglia, cospargi con i popcorn e cuoci in forno già caldo per 5-10 minuti a 350 gradi F. Togli dal forno, lascia raffreddare per un po' e taglia in 20 barrette proteiche. Lascia in frigorifero durante la notte.

Valori nutrizionali:

Carboidrati 41g

Zucchero 25,1g

Proteine 23,4g

Grassi totali 12g

Sodio 43mg

Potassio 217mg

Calcio 124,7mg

Ferro 38mg

Vitamine (Vitamina C acido ascorbico totale, B-6, B-12; Folato-DFE, A-RAE, A-UI, E-alfa-tocoferolo; D; D-D2 + D3; K-fillochinone; Tiamina)

Calorie 278

23. Barrette proteiche con sesamo

Ingredienti:

1.5 tazza di zucchero di canna

1 limone

¾ tazza di sesamo

Preparazione:

Sciogli lo zucchero a bassa temperatura fino ad ottenere un leggero caramello marrone. Mescola bene e versa lentamente il succo di limone. Ora aggiungi il sesamo e mescola bene. Versa la miscela ancora calda negli stampini per barrette. Dovresti ottenere 5 barrette proteiche con questa ricetta. Lascia raffreddare in frigorifero per qualche ora.

Valori nutrizionali:

Carboidrati 18g

Zucchero 9g

Proteine 14g

Grassi totali 2g

Sodio 16mg

Potassio 87mg

Calcio 8mg

Ferro 7,1mg

Vitamine (vitamina C, B-6, B-12; D; D-D2 + D3; K)

Calorie 112

24. Barretta mediterranea con carruba

Ingredienti:

½ tazza di fiocchi d'avena

3 cucchiai di polvere di carruba

2 cucchiai di miele

1 cucchiaino di cannella

Un pizzico di sale

1 albume d'uovo, battuto a neve

3 cucchiai di frutta secca mista

2 cucchiai di succo d'arancia

2 cucchiai di marmellata di prugne

Preparazione:

Questa ricetta dovrebbe darti 6 barrette proteiche di grandi dimensioni. Mescola bene tutti gli ingredienti in un frullatore. Utilizza una teglia da forno. Versa il composto in essa e cuoci per circa 15-20 minuti in forno preriscaldato a 250 gradi F. Togli dal fuoco, taglia in 6 pezzi e lascia raffreddare.

Valori nutrizionali:

Carboidrati 39g

Zucchero 17,5g

Proteine 29g

Grassi totali 9,4 g

Sodio 39 mg

Potassio 249mg

Calcio 128mg

Ferro 32mg

Vitamine (Vitamina C acido ascorbico totale, B-6, B-12; Folato-DFE, A-RAE, A-UI, E-alfa-tocoferolo; D; D-D2 + D3; K-fillochinone; Tiamina)

Calorie 240

25. Barrette ai semi vari

Ingredienti:

1.5 tazza di miele

1.5 tazza di cioccolato fondente

½ tazza di burro di mandorle

1.5 tazza di fiocchi di mais

1.5 tazza di sesamo

1 cucchiaio di olio di sesamo

½ bicchiere di acqua tiepida

Preparazione:

In primo luogo devi friggere i semi di sesamo. Cospargi dell'olio di sesamo su di essi, mescola bene e fai rosolare per qualche minuto. I semi devono mantenere quel colore dorato chiaro. Togli dal tegame e lascia raffreddare.

Utilizza una grande ciotola e una forchetta per schiacciare i corn flakes. Mescola con semi di sesamo, versaci dell'acqua tiepida e lascia riposare per un po'.

Ricette Di Barrette Proteiche Fatte In Casa Per Accelerare Lo Sviluppo Muscolare Nel Sollevamento Pesi

Nel frattempo, fai sciogliere il burro di mandorle a bassa temperatura. Aggiungi cioccolato e miele e fai sciogliere, mescolando continuamente. Togli dal fuoco.

Utilizzare un contenitore medio e versa il composto di semi di sesamo. Cospargi con il cioccolato fuso e taglia in 8 pezzi. Tieni in freezer per 2-3 ore. Togli dal freezer e conserva le barrette proteiche in frigorifero.

Valori nutrizionali:

Carboidrati 41,8g

Zucchero 26g

Proteine 19g

Grassi totali 5,6g

Sodio 29mg

Potassio 249mg

Calcio 118,4mg

Ferro 41mg

Vitamine (Vitamina C acido ascorbico totale, B-6, B-12; Folato-DFE, A-RAE, A-UI, E-alfa-tocoferolo; D; D-D2 + D3; K-fillochinone; Tiamina)

Calorie 239

26. Barrette energetiche

Ingredienti:

1 tazza di fiocchi d'avena

4 cucchiai di semi di girasole

1/3 di tazza di scaglie di mandorle

2 cucchiai di semi di grano

½ tazza di miele floreale

3 cucchiai di zucchero di canna

2 cucchiai di burro di arachidi

1 cucchiaio di estratto di vaniglia

Un pizzico di sale

1 tazza di frutta secca tritata (albicocche, ciliegie, mirtilli, uva passa)

Preparazione:

Mescola fiocchi d'avena, semi di girasole, fiocchi di mandorle e semi di grano. Cuoci in forno preriscaldato per 5-10 minuti. È possibile aumentare il tempo di cottura, se desideri un risultato più croccante, basta non esagerare.

Sciogli lo zucchero a bassa temperatura in una padella. Aggiungi miele, burro di arachidi, estratto di vaniglia e il sale. Mescola bene per qualche minuto. Se l'impasto è troppo denso, è possibile aggiungere un po' d'acqua (1/4 di bicchiere dovrebbe essere sufficiente). Versa i semi in padella e mescola bene. Dividi il composto in 10 pezzi uguali e cospargi con frutta secca. Lascia in frigorifero per qualche ora.

Valori nutrizionali:

Carboidrati 38,4g

Zucchero 17,1g

Proteine 27,9g

Grassi totali 12g

Sodio 39 mg

Potassio 298mg

Calcio 112mg

Ferro 29mg

Vitamine (Vitamina C acido ascorbico totale, B-6, B-12; Folato-DFE, A-RAE, A-UI, E-alfa-tocoferolo; D; D-D2 + D3; K-fillochinone; Tiamina)

Calorie 217

27. Barrette proteiche Quinoa e banane

Ingredienti:

4 cucchiai di quinoa

1 tazza di fiocchi d'avena

1 uovo

1 cucchiaio di miele

1 cucchiaio di olio d'oliva

1 cucchiaino di cannella

Un pizzico di sale

½ tazza di uvetta

1/3 di tazza di nocciole tritate

2 cucchiai di semi di sesamo

2 banane medie

Preparazione:

Cuoci la quinoa per 10-15 minuti. Scola bene e lascia raffreddare. Nel frattempo schiaccia la banana con una forchetta. Utilizza una grande ciotola per mescolare fiocchi d'avena, cannella, uova e sale. Aggiungi la quinoa scolata alla miscela.

Cospargi l'olio di oliva in una padella e aggiungi nocciole e semi di sesamo. Friggi a bassa temperatura per 5-10 minuti. Mescola bene e togli dal fuoco. Versa il composto di quinoa in una teglia media. Componi il secondo strato con nocciole e semi di sesamo e cospargi di uvetta. Inforna a 350 gradi F per circa 10 minuti. Si dovrebbe creare un bel colore marrone, o controlla con uno stuzzicadenti. Togli dal forno, taglia in 10 pezzi uguali e fai raffreddare.

Valori nutrizionali:

Carboidrati 38,4g

Zucchero 17,1g

Proteine 27,9g

Grassi totali 12g

Sodio 39 mg

Potassio 298mg

Calcio 112mg

Ferro 29mg

Vitamine (Vitamina C acido ascorbico totale, B-6, B-12; Folato-DFE, A-RAE, A-UI, E-alfa-tocoferolo; D; D-D2 + D3; K-fillochinone; Tiamina)

Calorie 150

28. Barrette proteiche di riso

Ingredienti:

½ tazza di semi di sesamo

1.5 tazza di fiocchi d'avena

1 tazza di burro di arachidi

1.5 tazza di cioccolato fondente (80% di cacao)

1 tazza di riso crunchies

2 tazze di frutta secca mista

½ tazza di noci tritate

1 tazza di miele

Preparazione:

Cuoci i semi di sesamo in forno preriscaldato, a 350 gradi F per circa 10 minuti per ottenere un bel colore dorato. Togli dal forno e lascia raffreddare. Aggiungi i fiocchi d'avena e mescola bene.

Mescola cioccolato, burro di arachidi e miele e fai fondere in un forno a microonde (2-3 minuti saranno sufficienti).

Ricette Di Barrette Proteiche Fatte In Casa Per Accelerare Lo Sviluppo Muscolare Nel Sollevamento Pesi

Ora hai bisogno di una padella da forno di dimensioni medie. Farai tre strati - prima versa i fiocchi d'avena ed i semi di sesamo. Fai un altro strato di cioccolato fuso, miele e burro di arachidi. Cospargi di croccantini di riso, noci e frutta secca tritata.

Cuoci in forno a 350 gradi F per altri 5-10 minuti. Togli dal forno e lascia raffreddare. Taglia 10 barrette proteiche e lascia in frigorifero per qualche ora.

Valori nutrizionali:

Carboidrati 38,9g

Zucchero 25g

Proteine 23g

Grassi totali 6,5g

Sodio 29,3mg

Potassio 259mg

Calcio 113,7mg

Ferro 29mg

Vitamine (Vitamina C acido ascorbico totale, B-6, B-12; Folato-DFE, A-UI, E-alfa-tocoferolo; D; D-D2 + D3; K-fillochinone; Tiamina)

Ricette Di Barrette Proteiche Fatte In Casa Per Accelerare Lo Sviluppo Muscolare Nel Sollevamento Pesi

Calorie 249

29. Barrette proteiche banana e cocco

Ingredienti:

3 grandi banane

6 albumi

1 tazza di latte di cocco

½ tazza di cocco grattugiato

2 cucchiaini di estratto di vaniglia

2 cucchiai di miele

Preparazione:

Queste barrette proteiche sono super facili da preparare. Tutto ciò che ti serve è un frullatore. Mescola gli ingredienti nel frullatore per pochi minuti, o fino a quando otterrai un composto omogeneo. Versa il composto in stampini per barrette e lascia in freezer per qualche ora. Togli dal freezer e conserva in frigorifero.

Carboidrati 19.8g

Zucchero 4.2g

Proteine 18.6g

Grassi totali 11,8 g

Sodio 51,5mg

Potassio 328mg

Calcio 126,8mg

Ferro 29.2mg

Vitamine (Vitamina C acido ascorbico totale, B-6, B-12, A-RAE, A-UI; E; D; D-D2 + D3; K-fillochinone, Tiamina, riboflavina, niacina)

Calorie 222,8 kcal

30. Barrette proteiche piccanti

Ingredienti:

1 tazza di farina di cocco

3 albumi

1 bicchiere di latte di mandorla

1 cucchiaio di miele

1 cucchiaino di peperoncino

1 cucchiaio di cacao

5 cucchiai di cioccolato fondente grattugiato (80% di cacao)

½ bicchiere di latte di cocco

Preparazione:

Metti farina di cocco, albume d'uovo, latte di mandorla, miele e peperoncino in un robot da cucina. Miscela fino ad ottenere un composto omogeneo. Cuoci la miscela in forno preriscaldato a 350 ° F per circa 10-15 minuti. Togli dal forno e taglia in 5 parti uguali.

Ricette Di Barrette Proteiche Fatte In Casa Per Accelerare Lo Sviluppo Muscolare Nel Sollevamento Pesi

Nel frattempo fai bollire il latte di cocco e aggiungi il cacao e il cioccolato. Cuoci per 2-3 minuti e togli dal fuoco. Lascia raffreddare per un po'.

Poi immergi le barrette proteiche al composto di cioccolato. Lasciale nel cioccolato per 15-20 minuti. Conserva le barrette in frigorifero.

Valori nutrizionali:

Carboidrati 17.8g

Zucchero 5.2g

Proteine 16g

Grassi totali 9g

Sodio 45,9mg

Potassio 342mg

Calcio 113mg

Ferro 21.2mg

Vitamine (vitamina C, B-6, B-12, A-RAE; D; D-D2 + D3; K-fillochinone, Tiamina, riboflavina, niacina)

Calorie 234 kcal

31. Barrette proteiche allo yogurt greco

Ingredienti:

1 tazza di yogurt greco

1 banana grande

3 albumi

½ tazza di noci tritate

1 cucchiaino di vanillina

½ tazza di farina di cocco

1 cucchiaio di zucchero di canna

½ tazza di mirtilli

½ tazza di nocciole tritate

Preparazione:

Mescola lo yogurt greco con banana, albume d'uovo, noci tritate e vaniglia in un robot da cucina. Devi fare un impasto liscio. Lascia la miscela in frigorifero per almeno un'ora. Toglie dal frigorifero, componi 8 barrette proteiche. Cospargile di mirtilli rossi, zucchero di canna e nocciole e falle rotolare nella farina di cocco. Cuoci su una teglia, in forno preriscaldato a 350 ° F per 10 minuti. Togli dal forno e lascia raffreddare. Conserva in frigorifero.

Valori nutrizionali:

Carboidrati 21.9g

Zucchero 9.7g

Proteine 19.5g

Grassi totali 15g

Sodio 46,3mg

Potassio 312mg

Calcio 148mg

Ferro 30mg

Vitamine (vitamina C, B-6, B-12, A-RAE; D; D-D2 + D3; K-fillochinone, Tiamina, riboflavina, niacina)

Calorie 216 kcal

32. Barrette proteiche al succo di mela

Ingredienti:

1 tazza di farina d'avena

½ tazza di farina

¼ di tazza di mandorle e nocciole tritate

¼ di tazza di uvetta

¼ di tazza di succo di mela appena spremuto

¼ tazza di miele

½ cucchiaino di cannella

2 cucchiai di olio

1 cucchiaio di burro di mandorle fuso

Preparazione:

Mescola tutti gli ingredienti secchi. Aggiungi olio, burro di mandorle, succo di mele e miele. Mescola bene per ottenere un composto omogeneo. Versa il composto in una teglia. Dovrebbe essere spessa circa 0,5 pollici. Cuoci in forno preriscaldato a 250 gradi per 15-20 minuti. Togli dal forno, tagli in 10 barrette proteiche e lascia riposare in frigorifero per qualche ora.

Valori nutrizionali:

Carboidrati 21g

Zucchero 6g

Proteine 19,3g

Grassi totali 12g

Sodio 49,5mg

Potassio 318mg

Calcio 112mg

Ferro 23.2mg

Vitamine (vitamina C, B-6, B-12, A-RAE; D; D-D2 + D3; K-fillochinone, Tiamina, riboflavina, niacina)

Calorie 212 kcal

33. Barrette proteiche con i fichi

Ingredienti:

1 tazza di mandorle tritate

¼ di tazza di fichi secchi tritati

¼ di tazza di prugne secche tritate

¼ di tazza di uvetta

2 cucchiaini di cannella

2 cucchiai di fiocchi d'avena

½ tazza di latte di mandorla

Preparazione:

Mescola mandorle, fichi secchi, prugne, uvetta, cannella e avena in un robot da cucina. Aggiungi il latte e mescola per altri 1-2 minuti. Metti il composto su una teglia e cuoci in forno preriscaldato a 225 gradi per circa 45 minuti. L'impasto deve essere molto secco. Togli dal forno, taglia in 10 barrette proteiche e conserva in un luogo asciutto e freddo.

Ricette Di Barrette Proteiche Fatte In Casa Per Accelerare Lo Sviluppo Muscolare Nel Sollevamento Pesi

Se è più facile per te, puoi creare le barrette proteiche prima della cottura / essiccazione. Utilizza uno stampo per barrette proteiche stampo e dai forma alla miscela.

Piccolo segreto: Tutti coloro che hanno un essiccatore, lo possono utilizzare per questa ricetta. Si manterrannno tutte le sostanze nutritive.

Valori nutrizionali:

Carboidrati 20g

Zucchero 7,6g

Proteine 19g

Grassi totali 12g

Sodio 58mg

Potassio 312mg

Calcio 140,2mg

Ferro 23mg

Vitamine (vitamina C, B-6, B-12, A-RAE; D; D-D2 + D3; K-fillochinone, Tiamina, riboflavina, niacina)

Calorie 219 kcal

34. Barrette proteiche mix di potenza

Ingredienti:

2 grandi arance

1 cucchiaio di miele light

3 cucchiai di zucchero di canna

6 cucchiai di burro di mandorle

8 cucchiai di sciroppo d'acero

2 cucchiai di marmellata di mirtilli rossi

3 cucchiai di nocciole

3 cucchiai di mandorle bianche

2 cucchiai di noci

2 cucchiai di amaranto

3 cucchiai di uvetta

10 cucchiai di fiocchi d'avena

8 cucchiai di cioccolato fondente grattugiato (80% di cacao)

Preparazione:

Ricette Di Barrette Proteiche Fatte In Casa Per Accelerare Lo Sviluppo Muscolare Nel Sollevamento Pesi

Lava e asciuga le arance. Trita finemente la buccia. Spremi il succo delle arance, aggiungi lo zucchero e il miele e fai bollire a temperatura elevata mescolando di continuo, fino a quando tutti il liquido sarà evaporato. Si otterrà una densa marmellata.

Taglia nocciole, mandorle e noci a pezzetti.

Mescola burro di mandorle, sciroppo d'acero e mirtilli utilizzando un miscelatore elettrico. Metti in forno a microonde per 1-2 minuti. Togli dal forno a microonde e mescola con la marmellata di arance, noci, amaranto e avena. Otterrai un denso impasto. Continua così. Ora ti serviranno gli stampini per barrette. Forma 10 barrette proteiche e cuoci in forno preriscaldato per 10 minuti a 350 gradi F. Togli dal forno e lascia raffreddare.

Sciogli il cioccolato nel forno a microonde per qualche minuto. Immergi le barrette proteiche nel cioccolato e lascia in frigorifero per qualche ora.

Valori nutrizionali:

Carboidrati 28g

Zucchero 11g

Proteine 23g

Grassi totali 17,8 g

Ricette Di Barrette Proteiche Fatte In Casa Per Accelerare Lo Sviluppo Muscolare Nel Sollevamento Pesi

Sodio 58,3g

Potassio 369mg

Calcio 141mg

Ferro 34mg

Vitamine (vitamina C, B-6, B-12, A-RAE; D; D-D2 + D3; K-fillochinone, Tiamina, riboflavina, niacina)

Calorie 268,8 kcal

35. Barrette proteiche all'albicocca

Ingredienti:

4 cucchiai di zucchero di canna

3 cucchiai di miele

4 cucchiai di burro di arachidi

2 cucchiai di succo di albicocca appena spremuto

1 cucchiaio di scorza d'arancia grattugiata

1 tazza di fiocchi di riso

½ tazza di albicocche tritate

½ tazza di noci tritate

Preparazione:

Unisci tutti gli ingredienti in una ciotola capiente. Utilizza un miscelatore elettrico per ottenere una massa omogenea. Preriscalda il forno a 250 gradi. Versa il composto su una teglia e inforna per circa 15 minuti. Dovresti ottenere un colore marrone dorato. Togli dal forno, taglia in 5 barrette proteiche e conserva in un luogo asciutto e freddo.

Valori nutrizionali:

Carboidrati 20.7g

Zucchero 7.4g

Proteine 19.5g

Grassi totali 13g

Sodio 49mg

Potassio 294mg

Calcio 112,8mg

Ferro 27 mg

Vitamine (vitamina C, B-6, B-12, A-RAE; D; D-D2 + D3; K-fillochinone, Tiamina, riboflavina, niacina)

Calorie 259 kcal

36. Barrette proteiche con frutta mista

Ingredienti:

¼ di tazza di fichi secchi tritati

¼ di tazza di datteri tritati

¼ di tazza di prugne a fette

¼ di tazza di uvetta bianca

¼ di tazza di tritato arancia essiccata

¼ di tazza di prugne secche tritate

1 bicchiere di succo d'arancia fresco

1 bicchiere di succo di limone fresco

¼ di tazza di noci tritate

¼ di tazza di nocciole macinate

¼ tazza di miele

qualche goccia di estratto di rum

¼ di tazza di ananas tagliato

1 tazza di cioccolato fondente fuso (80% di cacao)

Ricette Di Barrette Proteiche Fatte In Casa Per Accelerare Lo Sviluppo Muscolare Nel Sollevamento Pesi

¼ di tazza di cacao

¼ di tazza di burro di mandorle

Preparazione:

Mescola bene frutta, noci, miele, arancia e succo di limone in una ciotola capiente. Mantieni la miscela in una ciotola. Sciogli il burro di mandorle a bassa temperatura, aggiungi estratto di rum, cioccolato fondente e cacao. Continua la cottura fino al punto di ebollizione. Mescola continuamente! Togli dal fuoco e utilizza questa miscela per amalgamare la frutta e la miscela di noci. Mescola bene e forma 18 barrette proteiche. Tienile in frigorifero per alcune ore. Queste barrette proteiche sono molto deliziose e croccanti.

Valori nutrizionali:

Carboidrati 27g

Zucchero 9g

Proteine 23.8g

Grassi totali 17,8 g

Sodio 64mg

Potassio 417mg

Calcio 139mg

Ferro 31mg

Vitamine (vitamina C, B-6, B-12, A-RAE; D; D-D2 + D3; K-fillochinone, Tiamina, riboflavina, niacina)

Calorie 289kcal

37. Barrette proteiche croccanti

Ingredienti:

½ tazza di fichi secchi

¼ di tazza di cocco essiccato

¼ di tazza di arachidi tostate

¼ di tazza di fiocchi di frumento

¼ di tazza di fiocchi di riso

3 cucchiai di grano tostato

½ tazza di miele

½ tazza di burro di arachidi

3 cucchiai di sciroppo di agave

4 cucchiai di zucchero di canna

¼ di cucchiaino di cannella in polvere

1 cucchiaino di vanillina

Preparazione:

Ricette Di Barrette Proteiche Fatte In Casa Per Accelerare Lo Sviluppo Muscolare Nel Sollevamento Pesi

Unisci fichi, cocco secco e arachidi tostate in una grande ciotola. Aggiungi frumento, grano arrostito, riso e mescola bene.

In una ciotola più piccola, unisci miele con burro di arachidi, sciroppo d'agave e zucchero di canna. Cuoci per alcuni minuti a bassa temperatura fino a quando lo zucchero di canna sarà completamente sciolto. Aggiungi cannella, estratto di vaniglia e porta al punto di ebollizione. Togli dal fuoco. Versa il composto sopra le noci e la frutta preparati e mescola bene. Utilizza una teglia di medie dimensioni, mettici dentro il composto e cuoci per circa 20 minuti a 225 gradi. Togli dal forno, taglia in 24 barrette proteiche e lasciale in frigorifero per almeno qualche ora.

Valori nutrizionali:

Carboidrati 29g

Zucchero 11,3g

Proteine 26g

Grassi totali 11g

Sodio 61,1mg

Potassio 287mg

Calcio 134mg

Ferro 31mg

Vitamine (vitamina C, B-6, B-12, A-RAE; D; D-D2 + D3; K-fillochinone, Tiamina, riboflavina, niacina)

Calorie 254 kcal

38. Barrette proteiche alla ricotta e mirtilli

Ingredienti:

1 tazza di ricotta magra

1 tazza di yogurt greco

2 albumi

½ tazza di mirtilli

4 cucchiai di zucchero di canna

1 cucchiaino di vanillina

½ tazza di farina di cocco

Preparazione:

Unisci tutti gli ingredienti, tranne la farina di cocco, nel robot da cucina. Mescola bene per ottenere un composto omogeneo. Utilizza gli stampini per creare 10 barrette proteiche. Cospargile di farina di cocco e congela per qualche ora. Togli dal freezer e conserva in frigorifero.

Valori nutrizionali:

Carboidrati 18.7g

Zucchero 5.2g

Ricette Di Barrette Proteiche Fatte In Casa Per Accelerare Lo Sviluppo Muscolare Nel Sollevamento Pesi

Proteine 16.7g

Grassi totali 16,5 g

Sodio 54,7mg

Potassio 339mg

Calcio 138,5mg

Ferro 24.8mg

Vitamine (vitamina C, B-6, B-12, A-RAE; D; D-D2 + D3; K-fillochinone, Tiamina, riboflavina, niacina)

Calorie 236,7 kcal

39. Barrette proteiche ai semi di Chia

Ingredienti:

1 tazza di semi di chia tritati

½ tazza di noci

½ tazza di nocciole

½ tazza di mirtilli

1 tazza di formaggio magro

½ tazza di miele

1 cucchiaio di estratto di vaniglia

1 cucchiaino di cannella

1 cucchiaio di proteine in polvere

Grasso per cottura spray

Preparazione:

Mescola i semi di chia con noci e formaggio. Utilizza gli stampini per barrette per crearne 8 di uguali dimensioni.

Ricette Di Barrette Proteiche Fatte In Casa Per Accelerare Lo Sviluppo Muscolare Nel Sollevamento Pesi

Con un miscelatore elettrico, unisci miele, cannella, estratto di vaniglia e proteine in polvere. Ora devi versare il composto sopra le barrette proteiche.

Preriscalda il forno a 350 gradi F. Cospargi la teglia con uno spruzzo di grassi di cottura e cuoci per circa 20 minuti, fino ad ottenere un colore marrone chiaro. Togli dal forno e lascia raffreddare. Conserva in frigorifero per alcune ore.

Valori nutrizionali:

Carboidrati 14.9g

Zucchero 5.3g

Proteine 18.3g

Grassi totali 14,6 g

Sodio 52,7mg

Potassio 326mg

Calcio 127,3mg

Ferro 26.3mg

Vitamine (vitamina C, B-6, B-12, A-RAE; D; D-D2 + D3; K-fillochinone, Tiamina, riboflavina, niacina)

Calorie 226,3 kcal

40. Barrette proteiche alla farina d'avena

Ingredienti:

1 tazza di farina d'avena

¼ di tazza di cornflakes

½ tazza di nocciole tritate

6 - 8 pezzi di prugne tagliate a dadini

1/3 tazza di uvetta

1/3 di tazza di semi di sesamo

1/3 di tazza di semi di lino

½ tazza di zucchero di canna

½ tazza di cioccolato grattugiato (80% di cacao)

1 arancia di medie dimensioni

1 cucchiaino di cannella

1 cucchiaino di estratto di rum

½ tazza di burro di arachidi

2 cucchiai di miele

¼ di tazza di cioccolato grattugiato (80% di cacao) - per la decorazione

Preparazione:

Unisci tutti gli ingredienti secchi in una ciotola capiente. Lava l'arancia, grattugia la buccia e spremi. Utilizza una padella per sciogliere il burro di arachidi a temperatura bassa. Aggiungi lo zucchero, estratto di rum, cannella, scorza e succo d'arancia. Mescola bene e lascia cuocere per 3-5 minuti. Quindi aggiungi gli ingredienti secchi nella padella e mescola di nuovo bene. Aggiungi il miele. Togli dal fuoco, lascia raffreddare per un po' e forma 15 barrette proteiche. Decora con un po' di cioccolato e conserva in frigorifero durante la notte.

Valori nutrizionali:

Carboidrati 27.2g

Zucchero 9,2 g

Proteine 26.3g

Grassi totali 12,8 g

Sodio 96,5mg

Potassio 356mg

Calcio 124,8mg

Ferro 29.2mg

Vitamine (vitamina C, B-6, B-12, A-RAE; D; D-D2 + D3; K-fillochinone, Tiamina, riboflavina, niacina)

Calorie 278,3 kcal

41. Barrette proteiche al miele

Ingredienti:

½ tazza di burro di mandorle

½ tazza di miele

2 uova

1/3 di tazza di mandorle tritate

½ tazza di albicocche secche - tagliate in piccoli pezzi

¼ di tazza di nocciole tostate, tritate finemente

¼ di tazza di ciliege secche, tritate finemente

¼ di tazza di sesamo

1/3 di tazza di avena

1 cucchiaio di olio di sesamo

Preparazione:

Per questa ricetta, avrai bisogno di una piccola teglia da forno. Cospargi con un po' di olio di sesamo.

Sbatti burro di mandorle con miele fino a quando diventerà una miscela cremosa, quindi aggiungi uova sbattute, noci e frutta. Continua a sbattere il composto per qualche minuto.

Preriscalda il forno a 350 gradi F. Versa il composto su una teglia e cuoci per circa 20-25 minuti, fino a quando sarà di colore dorato. Togli dal forno e lascia raffreddare per circa 10 minuti. Taglia in 10 barrette uguali. È possibile aggiungere un po' di miele sulla parte superiore, ma questo è facoltativo e aumenta il valore nutrizionale. La cosa buona di queste barrette proteiche è che sono perfette sia calde che fredde.

Valori nutrizionali:

Carboidrati 28.7g

Zucchero 9,2 g

Proteine 27.5g

Grassi totali 14,8 g

Sodio 51,5mg

Potassio 328mg

Calcio 126,8mg

Ferro 29.2mg

Vitamine (vitamina C, B-6, B-12, A-RAE; D; D-D2 + D3; K-fillochinone, Tiamina, riboflavina, niacina)

Calorie 248,8 kcal

42. Barrette proteiche con farina d'avena e uvetta

Ingredienti:

½ tazza di fiocchi d'avena

½ tazza di noci tritate

½ tazza di uvetta

½ tazza di prugne secche tritate

½ tazza di semi di girasole

½ bicchiere di olio di cocco sciolto

¼ di tazza di semi di chia

¼ tazza di miele

¼ di tazza di cioccolato (70% di cacao)

1 cucchiaino di cannella

Preparazione:

Preriscalda il forno a 350 gradi F. Utilizza una casseruola per sciogliere il cioccolato e l'olio di cocco a temperatura molto bassa. Mescola bene. Mescola gli altri ingredienti in una ciotola capiente. Stendi l'impasto su una teglia e cuoci per 15 minuti. Lascia raffreddare e conserva in frigorifero per qualche ora.

Valori nutrizionali:

Carboidrati 27.6g

Zucchero 9,2 g

Proteine 25.3g

Grassi totali 15,8 g

Sodio 61,2mg

Potassio 229mg

Calcio 134,4mg

Ferro 24.3mg

Vitamine (vitamina C, B-6, B-12, A-RAE; D; D-D2 + D3; K-fillochinone, Tiamina, riboflavina, niacina)

Calorie 228 kcal

43. Barrette proteiche ai datteri

Ingredienti:

½ bicchiere di datteri tritati

¼ di tazza di albicocche secche tritate

¼ di tazza di uvetta

¼ di tazza di mirtilli secchi

1 cucchiaio di burro di arachidi

¼ di cucchiaino di cannella in polvere

5 cucchiai di sciroppo di agave

¼ di tazza di noci grattugiate

¼ di tazza di mandorle grattugiate

Preparazione:

Utilizza un robot da cucina elettrico per frullare datteri, albicocche, uvetta e mirtilli rossi. Aggiungi burro di arachidi, cannella, sciroppo d'agave e mescola bene. Versa questo composto in una teglia. Stendi noci e mandorle su di esso e premi un po' con le mani. Copri con la pellicola e metti in frigorifero per almeno 3-4 ore. Taglia in 10 barrette uguali.

Valori nutrizionali:

Carboidrati 23.4g

Zucchero 5.2g

Proteine 19.5g

Grassi totali 13,4 g

Sodio 41,4mg

Potassio 353mg

Calcio 135,5mg

Ferro 19mg

Vitamine (vitamina C, B-6, B-12, A-RAE; D; D-D2 + D3; K-fillochinone, Tiamina, riboflavina, niacina)

Calorie 236,6 kcal

44. Barrette proteiche con pistacchi

Ingredienti:

1 tazza di pistacchi tostati - tagliati in piccoli pezzi

1 tazza di datteri tritati

1 cucchiaino di cacao

1 cucchiaino di cannella

2 cucchiaini di zucchero vanigliato

1 limone

Un pizzico di sale

1 tazza di misto frutta secca tritata

Preparazione:

Utilizza un frullatore elettrico per mescolare datteri e pistacchi. Aggiungi gli altri ingredienti e mescola per qualche minuto. Usa questa miscela per creare 10 barrette proteiche. È possibile farlo manualmente oppure utilizzando gli stampi per barrette proteiche. Lascia in frigorifero durante la notte.

Valori nutrizionali:

Ricette Di Barrette Proteiche Fatte In Casa Per Accelerare Lo Sviluppo Muscolare Nel Sollevamento Pesi

Carboidrati 19.7g

Zucchero 7.4g

Proteine 18,5g

Grassi totali 13,5 g

Sodio 31,8mg

Potassio 326mg

Calcio 124mg

Ferro 23.2mg

Vitamine (vitamina C, B-6, B-12, A-RAE; D; D-D2 + D3; K-fillochinone, Tiamina, riboflavina, niacina)

Calorie 243,7 kcal

45. Barrette proteiche alla melassa

Ingredienti:

½ tazza di sciroppo di zucchero - melassa

¼ di tazza di burro di arachidi

½ tazza di zucchero di canna

¼ di tazza di noci

¼ di tazza di albicocche secche tritate

¼ di tazza di fichi secchi tritati

1 tazza di fiocchi d'avena

¼ di tazza di semi di zucca

Preparazione:

Preriscalda il forno a 350 gradi F. Trita le noci in pezzi molto piccoli. Utilizza una pentola per mescolare lo sciroppo, burro di arachidi, zucchero e melassa. Cuoci per circa 5 minuti a una temperatura molto bassa. Mescola bene. Fai bollire. La miscela deve essere umida e leggermente appiccicosa, non asciutta. Togli dal fuoco e mescola con noci, frutta secca, fiocchi d'avena e semi di zucca.

Cuoci in forno per circa 30 minuti. Lascia raffreddare per circa un'ora o anche due prima di tagliarlo in 10 barrette proteiche uguali.

Valori nutrizionali:

Carboidrati 26.4g

Zucchero 4.6g

Proteine 19.5g

Grassi totali 12,2 g

Sodio 21,9mg

Potassio 368mg

Calcio 111mg

Ferro 25.3mg

Vitamine (vitamina C, B-6, B-12, A-RAE; D; D-D2 + D3; K-fillochinone, Tiamina, riboflavina, niacina)

Calorie 219 kcal

46. Barrette proteiche con curcuma e lamponi

Ingredienti:

½ tazza di latte di soia

1 tazza di banane schiacciate

1 tazza di farina di cocco

½ tazza di curcuma

2 albumi

½ tazza di noci grattugiate

½ tazza di lamponi

Preparazione:

Questa ricetta è molto facile da preparare. Non ha bisogno di alcuna cottura. Tutto ciò che serve è un frullatore per mescolare tutti gli ingredienti per qualche minuto. Versa il composto in stampi per barrette e lascia in freezer per qualche ora. Al termine, tieni le barrette in frigorifero.

Valori nutrizionali:

Carboidrati 21.3g

Ricette Di Barrette Proteiche Fatte In Casa Per Accelerare Lo Sviluppo Muscolare Nel Sollevamento Pesi

Zucchero 6.4g

Proteine 19.5g

Grassi totali 11,4 g

Sodio 33,7mg

Potassio 343mg

Calcio 133mg

Ferro 13.2mg

Vitamine (vitamina C, B-6, B-12, A-RAE; D; D-D2 + D3; K-fillochinone, Tiamina, riboflavina, niacina)

Calorie 232,4 kcal

47. Barrette proteiche alla paprika

Ingredienti:

3 cucchiai di cacao in polvere

1.5 tazza di mandorle

½ tazza di farina di grano saraceno

2 cucchiaini di cannella

½ cucchiaino di paprika

½ tazza di cioccolato tritato (80% di cacao)

1 tazza di zucchero di canna

1 tazza di miele

Preparazione:

Preriscalda il forno a 250 gradi. Mescola cacao, mandorle tritate, farina di grano saraceno, cannella e pepe in una ciotola capiente. Utilizza una pentola per fondere il cioccolato, zucchero e miele a temperatura bassa. Mescola bene e aggiungi la miscela secca. Mescola bene e togli dal fuoco. Lascia raffreddare per un po' e componi 10 barrette proteiche con le mani o con lo stampo. Cospargile con un po' di cacao in polvere, solo per decorazione. Cuoci in forno per circa 30 minuti. Togli dal forno, lascia raffreddare e conserva in frigorifero.

Valori nutrizionali:

Carboidrati 21g

Zucchero 5.4g

Proteine 19.3g

Grassi totali 12,3 g

Sodio 32,2mg

Potassio 236mg

Calcio 121mg

Ferro 23,2mg

Vitamine (vitamina C, B-6, B-12, A-RAE; D; D-D2 + D3; K-fillochinone, Tiamina, riboflavina, niacina)

Calorie 219 kcal

48. Barrette proteiche alle more

Ingredienti:

1 tazza di more

1 tazza di cornflakes

1 tazza di formaggio magro

1 cucchiaino di estratto di more

½ tazza di farina di riso

Preparazione:

Un'altra ricetta super facile. Mescola gli ingredienti con una frusta elettrica. Utilizza gli stampi per barrette per creare 10 barrette proteiche con questa miscela. Preriscalda il forno a 350 gradi F e cuoci le tue barrette proteiche per 15 minuti. Toglie dal forno, lascia raffreddare per circa un'ora prima di metterle in frigorifero.

Valori nutrizionali:

Carboidrati 19,1g

Zucchero 3.4g

Ricette Di Barrette Proteiche Fatte In Casa Per Accelerare Lo Sviluppo Muscolare Nel Sollevamento Pesi

Proteine 18,5g

Grassi totali 13,2 g

Sodio 35,2mg

Potassio 392 mg

Calcio 121mg

Ferro 21.3mg

Vitamine (vitamina C, B-6, B-12, A-RAE; D; D-D2 + D3; K-fillochinone, Tiamina, riboflavina, niacina)

Calorie 211 kcal

49. Toffee proteine bar

Ingredienti:

½ tazza di burro di mandorle

½ tazza di zucchero di canna

2 cucchiai di sciroppo d'acero

1.5 tazza di fiocchi d'avena

Un pizzico di sale

Preparazione:

Fai sciogliere il burro di mandorle e lo zucchero a bassa temperatura. Non dovrebbe bollire, ma deve colorarsi di marrone dorato. Aggiungi lo sciroppo d'acero e mescola bene per un altro minuto. Togli dal fuoco, aggiungi il sale ed i fiocchi d'avena. Sarà una miscela molto appiccicosa.

Versa il composto sopra una teglia e cuoci in forno preriscaldato a 225 gradi, per 20-25 minuti. Toglie dal forno, lascia raffreddare per circa un'ora, e taglia in 6 parti uguali. E' molto importante far raffreddare completamente la miscela. In caso contrario, non sarai in grado di tagliare in modo corretto. Tieni le barrette in frigorifero.

Ricette Di Barrette Proteiche Fatte In Casa Per Accelerare Lo Sviluppo Muscolare Nel Sollevamento Pesi

Valori nutrizionali:

Carboidrati 21.7g

Zucchero 5.4g

Proteine 13.5g

Grassi totali 14.2 g

Sodio 32,4mg

Potassio 311mg

Calcio 133mg

Ferro 21.4mg

Vitamine (Vitamina C, B-6, B-12, A-RAE; D; D-D2 + D3; K-fillochinone, Tiamina, Riboflavina, Niacina)

Calorie 212 kcal

50. Cubetti sani

Ingredienti:

5 cucchiai di burro di mandorle

8 cucchiai di zucchero di canna

3 cucchiai di miele

4 cucchiai di uvetta

4 cucchiai di nocciole grattugiate

1 tazza di fiocchi d'avena

3 cucchiai di zucchero a velo

2 cucchiaini di succo di limone

Preparazione:

Fai sciogliere il burro di mandorle a bassa temperatura e aggiungi miele e zucchero. Fai soffriggere per qualche minuto e mescola bene. Aggiungi uvetta, nocciole grattugiate e fiocchi d'avena. Mescola bene fino ad ottenere un impasto denso. Versa il composto in una teglia da forno, cospargi con zucchero in polvere e succo di limone. Cuoci in forno preriscaldato a 250 gradi per 15 minuti. Si dovrebbero ottenere un colore marrone e una consistenza croccante. Tutto dipende dallo spessore.

Togli dal forno, lascia raffreddare per un po' e taglia in 8 pezzi. Le barrette proteiche sono pronte. Se lo desideri, puoi cospargere con un po' di succo di limone. Una grande idea per questa ricetta è quella di cospargere un po' di sciroppo d'acero sulla parte superiore. Ma questo è opzionale. Lascia in frigorifero durante la notte.

Valori nutrizionali:

Carboidrati 37g

Zucchero 16g

Proteine 25,6g

Grassi totali 6g

Sodio 27mg

Potassio 245mg

Calcio 98mg

Ferro 224mg

Vitamine (Vitamina C acido ascorbico, B-6, B-12; Folato-DFE, A-RAE, A-UI, E-alfa-tocoferolo; D; D-D2 + D3; K-fillochinone; Tiamina)

Ricette Di Barrette Proteiche Fatte In Casa Per Accelerare Lo Sviluppo Muscolare Nel Sollevamento Pesi

Calorie 239

ALTRI GRANDI TITOLI DELL'AUTORE

The Ultimate Guide to Weight Training Nutrition: Maximize Your Potential

By Joseph Correa

Becoming Mentally Tougher In Bodybuilding by Using Meditation: Reach Your Potential by Controlling Your Inner Thoughts

By Joseph Correa

www.ingramcontent.com/pod-product-compliance
Lightning Source LLC
Chambersburg PA
CBHW070150080526
44586CB00015B/1918